红巾军起义

◎ 主编 金开诚

◎ 编著 王 娜

吉林出版集团有限责任公司

吉林文史出版社

图书在版编目（CIP）数据

红巾军起义 / 王娜编著 . 一长春：吉林出版集团
有限责任公司：吉林文史出版社，2010.11（2022.1 重印）
ISBN 978-7-5463-4157-6

Ⅰ . ①红… Ⅱ . ①王… Ⅲ . ①红巾军起义（元末）–
通俗读物 Ⅳ . ① K247.01-49

中国版本图书馆 CIP 数据核字（2010）第 222303 号

红巾军起义

HONGJINJUN QIYI

主编 / 金开诚 编著 / 王 娜
项目负责 / 崔博华 责任编辑 / 崔博华 刘姝君
责任校对 / 刘姝君 装帧设计 / 柳甬泽 王丽洁
出版发行 / 吉林文史出版社 吉林出版集团有限责任公司
地址 / 长春市人民大街4646号 邮编 /130021
电话 /0431-86037503 传真 /0431-86037589
印刷 / 三河市金兆印刷装订有限公司
版次 /2010 年 11 月第 1 版 2022 年 1 月第 5 次印刷
开本 /650mm×960mm 1/16
印张 /9 字数 /30千
书号 / ISBN 978-7-5463-4157-6
定价 /34.80元

前　言

文化是一种社会现象，是人类物质文明和精神文明有机融合的产物；同时又是一种历史现象，是社会的历史沉积。当今世界，随着经济全球化进程的加快，人们也越来越重视本民族的文化。我们只有加强对本民族文化的继承和创新，才能更好地弘扬民族精神，增强民族凝聚力。历史经验告诉我们，任何一个民族要想屹立于世界民族之林，必须具有自尊、自信、自强的民族意识。文化是维系一个民族生存和发展的强大动力。一个民族的存在依赖文化，文化的解体就是一个民族的消亡。

随着我国综合国力的日益强大，广大民众对重塑民族自尊心和自豪感的愿望日益迫切。作为民族大家庭中的一员，将源远流长、博大精深的中国文化继承并传播给广大群众，特别是青年一代，是我们出版人义不容辞的责任。

本套丛书是由吉林文史出版社和吉林出版集团有限责任公司组织国内知名专家学者编写的一套旨在传播中华五千年优秀传统文化，提高全民文化修养的大型知识读本。该书在深入挖掘和整理中华优秀传统文化成果的同时，结合社会发展，注入了时代精神。书中优美生动的文字、简明通俗的语言、图文并茂的形式，把中国文化中的物态文化、制度文化、行为文化、精神文化等知识要点全面展示给读者。点点滴滴的文化知识仿佛颗颗繁星，组成了灿烂辉煌的中国文化的天穹。

希望本书能为弘扬中华五千年优秀传统文化、增强各民族团结、构建社会主义和谐社会尽一份绵薄之力，也坚信我们的中华民族一定能够早日实现伟大复兴！

目录

一、元朝的腐朽统治
和社会危机的加深

当南宋和金朝对峙的时候，活动于我国北疆草原的蒙古族势力勃然兴起。在 13 世纪初，成吉思汗统一了蒙古各部，建立了奴隶主贵族政权。成吉思汗是蒙古族杰出的领袖。他和他的继承人以强大的军事攻势，先后消灭了党项族贵族在陕西、甘肃和宁夏一带建立的西夏、女真贵族在华北和东北等地建立的金朝、契丹族贵族在新疆西部及以西地区建立的西辽，统一了我国北部边疆和黄河以

北的广大地区。成吉思汗的孙子忽必烈继承汗位之后，于至元八年（1271年），以燕京为中都，后来改为大都，正式定国号为元。到了至元十六年（1279年），元军大举南征，灭掉了南宋，统一了全中国。

元朝的统一，结束了唐末五代以来近四百年几个政权并存的局面，促进了我国作为多民族统一国家的发展，推动了各民族人民的融合，进一步沟通了中外经济、文化的交流。但是,元朝政权代表的是蒙古贵族、汉族和其他各族地主阶级利益的国家机器。它虽然继续保持着中原和江南的封建生产关系,但同时也带来了不少的落后因素。在这个政权的统治下,阶级压迫和民族压迫结合在一起,各族劳动人民所遭受的苦难极其深重。我国各族人民为了反抗蒙古贵族的暴虐统治,从元朝建国开始,就连续不断地掀起各种形式的反抗斗争,最后终于发展成全国规模的红巾军大起义,埋葬了凶横残暴的元王朝。

(一) 土地兼并与农民负担

元朝一代始终存在着激烈的土地兼并,蒙古族的贵族一占领中原就大肆抢占土地作为牧场。到了元朝后期,蒙古贵族从汉族地主那里学会了向农民征收地租的剥削手段,因此,对掠夺土地更

为注意。他们获得土地的途径之一就是皇帝的"赐田"。这种赐田，在元世祖的时候，一般不过几百顷，个别的有赐予千顷的，如忽必烈赐撒吉思益都是田千顷。到了元朝后期，赐给千顷土地就习以为常了，甚至有赐田万顷的，像伯颜在泰定年间（1324—1327年）以前就已经赐给五千顷了，到了元顺帝至元二年（1336年）又一次赐给了五千顷。将江南膏腴地区作为赐田的情况也日益严重。

元世祖的时候,赐给了郑温常州田三十顷,赐给了李平江四十顷，最多的时候能达到八十顷。这些蒙古贵族和官僚以赐田的形式获得土地，然后就以租佃的形式对农民进行剥削。像武宗的时候，一个大臣占领江南田地二百三十顷，收租五十万左右，每亩的租粮高达四石。如此苛刻的地租，真是对农民刻骨的剥削。元朝政府还拨给官僚职田。武宗至大二年（1309 年）在江西地区，三品官职田的佃户有五百到七百户，下至九品小官，

还占有佃户三十到五十户，可见这些官僚对佃户的剥削非常苛刻。

另外，寺院和汉族地主对于土地的兼并也使土地变少。元朝统治者竭力利用宗教来麻痹人民。元代时全国寺院林立，僧道人数很多，到元朝后期的时候更是向恶性发展。元顺帝至元三年（1337年）嘉兴路有僧道二千七百人。仁宗延祐六年（1319年）白云宗总摄，竟然有僧人十万余人。当然，这些所谓的佃农，绝大部分是寺院大地主的佃农，由此可见当时寺院势力的猖獗。元朝政府将大量的土地拨给寺院，数字非常惊人，如元顺帝给大承天护圣寺拨了山东土地十六万两千余顷。除了由元政府拨给的赐田外，这些寺院大地主更是贪得无厌地自己兼并，如上面所说的那个白云宗总摄沈明仁抢夺民田两万顷。成宗大德三年（1299 年）据当时的中书省统计，江南寺院的佃户就有五十余万。

除了上面所说的蒙古贵族官僚以及寺院大肆兼并土地以外，一般汉族地主也不甘落后。江南有很多富有的大户侵占民田，以至于贫穷的百姓流离失所。有钱的大户奴役农民的，一般的有三千家，多时能达到万家。元朝刚建立的时候，松江有一个大姓，每年向朝廷进献米万石。这就形成了大家能收粟米达到数百万斛，而小民则没有藏身的地方，于是就形成了"贫者愈贫，富者愈富"，

两极分化越来越严重。

最后，农民的负担更加沉重也是激发矛盾的一个很重要的原因。在蒙古贵族、官僚、寺院和地主掀起的兼并风暴中，很多农民都失去了土地，成为租种地主土地的佃农。江南的许多佃农，大部分都没有了田产，都在富农家中做佃农，能分收一些粮食，作为每年的收获。他们在元朝政府和地主阶级的残酷压迫剥削之下，生活异常艰难困苦，每到青黄不接或者水旱的时候，就只好向地主、商人借高利贷，等到秋季收成的时候，辛苦一年所得的粮食，除了田主分去的之外，剩下的所有都用来还债。在这种情况下，甚至有人用人口和物件进行抵押，在外面进行逃避，使田地都荒芜了。农民除了要向地主缴纳地租之外，还要负担元朝政府的赋税。当时的赋税是"日增月益"，一直都在增加。到天历年间（1328—1329年），比至元（1264—1294年）、大德（1297—1307年）的时候增加了二十倍。有一种叫做包银的捐税，竟然规定每家要纳银子四两，二两是银子，二两是折收丝、绢和其他物品的折色银。在实际征收的过程中，地方官征收的时候往往要额外多收一些，如江西饶州要多十倍。在江南，佃户的人身依附性很

强，有的地区地主可以把佃户和土地一起出卖，叫做"随田佃客"。元朝法律规定，地主殴打佃户致死，打一百七十杖，征收烧埋银子五十两。这就从法律上保障了地主可以随意杀死佃户而不必偿命。处在这样的水深火热之中，人民很难生活下去，更不用说生活得幸福。

（二）民族压迫政策

蒙古统治者为了巩固他们的政权，为了紧紧地控制人数上远比蒙古族多的汉族和其他民族的人民，实行了严厉的民族分化和民族压迫政策。蒙古统治者不许蒙古族汉化，不许他们互相通婚，

使蒙古族保持他们特有的风俗习惯。并且禁止汉人、南人学习蒙古、色目的文字，人为地造成蒙汉两族的民族隔阂。元朝的统治者还把全国分成四等人。第一等是蒙古人；第二等是色目人，包括西夏人、维吾尔人和中亚、欧洲的各族人民，也就是我们所熟知的西域人；第三等是汉人，包括原来金朝统治下的汉人、契丹人、女真人、高丽人等等；第四等是南人，即南宋统治下的汉人以及当地各少数民族的人民。元朝统治者对这四等人的待遇各不相同。蒙古人是最上等的人，待遇也是最好的。其次是色目人，蒙古贵族利用他们来监视和协助统治汉人、南人。南人的地位最低，也最受歧视和压迫。名义上汉人的地位要稍微高于南人，其实他们受歧视和压迫的情况和南人也没有什么区别。蒙古统治者在实行民族压迫措施的时候，往往把汉人和南人放在一起而

不加区分。这样的"四种人"的民族歧视
和压迫的政策，元朝自始至终都贯彻实
行着，贯彻到政治、经济、军事和文化
的各个方面，而且到后面是越来越严厉。
在元初忽必烈的时候，蒙古统治者为了
笼络汉族地主，还有少数汉人担任中书
省左右丞相的官员。元世祖以后，蒙古
统治者以为天下已经得到，中央省、台、
院的长官就没有汉人的份了。在至正六
年（1346 年）的时候，元顺帝任命贺惟
一做御史大夫，但贺惟一因为以前的这

个规定，不是国姓不可以做，便辞去而不敢做。元顺帝于是赐他蒙古姓，又改名为太平，这样的情况下他才上任。至于南人一直被排斥在中央省、台、院的官僚机构之外，"自世祖以后，南人斥不用"。直到元顺帝至正十二年（1352年），由于农民起义的不断发生，元朝统治者为了收买人心，让南人可以任省、台之类的官，还任命贡师泰、周伯琦两人为监察御史，但也不过是不起什么作用的七品小官。地方行省平章政事等官，平德的时候，虽然有非常有才华的汉人，也不允许他们参与。一般汉人官僚可以做到行省以下的路府州县的"总管"，但蒙

古统治者也仍然要设法进行牵制，副总管之列的官衔，往往由色目人担任。同时，元朝统治者又设了"达鲁花赤"的监临官，它必须由蒙古人或者色目人充当，汉人是不被允许的。而总管和同知都要受到达鲁花赤的指挥，成为实际上最高的长官。元朝的法律也充分反映了民族歧视和压迫，它对蒙汉两族很不平等。汉人犯法由刑部审理，但蒙古、色目人犯法，刑部不得过问，由大宗正府来审理。这就是说，蒙古人除了得到法律明文规定

的庇护以外，还受到大宗正府这一特别法庭的保护。汉人、南人犯盗窃案要在臂上刺字，而蒙古、色目人免刺。更为不公平的是，刑法上竟然有这样的规定："诸蒙古人与汉人争，殴汉人，汉人勿还报，许诉于有司。"这样用法律来捆住汉人的手脚，任凭蒙古贵族、地主的宰割。甚至所谓蒙古人因为争吵乘着喝醉殴死汉人的人，只是罚出征，给点烧埋钱就了事。在科举和学校方面，元朝政府根据"四等人"的标准，对汉人和南人实行

严格的限制。如在科举考试中，汉人的试题难、要求高、名额少。实际上，汉人和南人的人口总数要远远超过蒙古、色目人，但元朝统治者却规定会试时，"取中选者一百人，蒙古、色目、汉人、南人分卷考试，各二十五人"。学校录取的情况也与此类似。如仁宗延祐二年（1315 年）的京师蒙古国子学，一共有生员一百人，其中蒙古五十人，色目二十人，汉人三十人。在科举中选或者学校毕业授予官职的时候，往往分配给汉人、南人以最低劣的职位。蒙古贵族和上层色目人还可以通过"怯薛"出身出入官场。"怯薛"就是宫廷的禁军宿卫，蒙古贵族子弟往往通过宿卫爬上显赫的地位，经常被提拔。元末的时候常有不识一字却得到高官厚禄的蒙古少年，而一批汉人穷秀才则是每天对着书孜孜不倦地读着，结果却是"年年去射策，临老犹儒冠"。时人王祎对汉族地主阶级知识分子所处的穷困境地和难以入仕的状况，一再发出愤愤不平的慨叹，说："士生今时，欲以所学自见，亦何其难也。"蒙古统治者为了防止汉族人民的反抗，不断下令没收

汉人、南人的武器，把坏的销毁，比较好的交给色目人用来监视汉人，精良的武器收放到武器库中，以备蒙古人使用，甚至规定汉人、南人不得手持寸铁。

蒙古统治者推行的民族歧视、压迫政策，主要还是针对广大汉族劳动人民的。至于一般汉族地主阶级，虽然在仕途上遭到了一些排挤和打击，但他们和蒙古贵族的基本阶级利益是一致的，因此元朝政府对汉族地主压迫和剥削农民的阶级利益处处维护，丝毫不加抑制。

所以，元朝时期，汉族地主仍能肆无忌惮地进行土地兼并。同时，元朝政府虽然竭力提高蒙古族的政治地位，在经济上也大力扶植，但在这些政策中得到实际

利益的，也还是蒙古贵族阶层和蒙古族
中的上层分子，至于一般蒙古族中的广
大贫苦人民，在繁重的军役和蒙古贵族
的压迫剥削下，仍过着艰难困苦的生活，
尤其是在遇到旱灾和大风雪等自然灾害
的时候，他们衣食无着，冻饿而死。明
宗至顺二年（1331年），兴和路蒙古民户
一万一千余户，因为大雪，牲畜都被冻死。
仁宗延祐七年（1320年），和林的民众
饿死的大约有三千余人。所以，在草原

上的蒙古人民往往大批逃往大都、上都和陕西等地。武宗至大元年（1308年），来到大都的贫民有八十六万八千户。宁宗至顺元年（1332年），蒙古居民流离到陕西的有四百六十七户。这些大批逃荒到内地的蒙古贫民，往往把自己的子孙卖为奴仆，《元史》上关于这方面的记载很多。元朝政府对待这些蒙古贫民同样采取镇压政策，严禁他们离开自己的住所，违者斩首。无论是哪个民族来统治，受苦的终究是广大人民。

（三）矛盾的激化与政治的腐朽

元朝从中统元年（1260年）忽必烈称帝，到至正二十八年（1368年）元顺帝被朱元璋赶出大都（北京），前后历时一百零八年。忽必烈于至元三十一年（1294年）病死，他一共

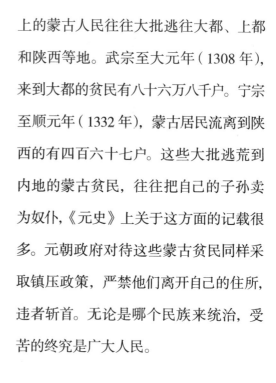

做了三十四年的皇帝，这是元朝的全盛时期。从忽必烈死后到元顺帝妥懽帖睦尔即位（1333年），四十年间换了十个皇帝，平均每四年就要换一个皇帝。其中从致和元年（1328年）到元统元年（1333年）更是年年换皇帝，六年中换了五个皇帝。他们都是在皇室贵族间通过互相残杀而上台的，为了夺取皇位，出演了一场场父子、兄弟相争的丑剧。蒙古贵族的大臣们也都分成了派别，投靠他们各自的主子，参加这一争斗。如武宗、仁宗、泰定帝及文宗，都是蒙古贵族大臣们拥立的。在纷争中得势的君臣们，根本不管社会生产和国家政事，只知道搜刮民财以供他们挥霍，奢侈腐化成为一种风气。如成宗死后，武宗海山抢到皇帝的宝座，于是就对拥护他的一些贵族、大臣予以赏赐，弄得国库虚弱。他在成宗大德十一年（1307年）五月即位，到八月，只有三个月的时间，赏赐"钞

总三百五十万锭"，弄得两都的储蓄都已经很少了。当时一年的赋税的额度是四百万锭，除了各省备用之外，入京师的是二百八十万锭。到了至大四年（1312年）武宗死后，仁宗即位，又大肆进行赏赐，财政费用成倍增长，亏空也慢慢增加。

元朝末年，政治腐败，贪官贿赂的风气非常盛行。政府公开卖官鬻爵，给官位定了很高的价钱。官吏搜刮钱财的花样更是名目繁多，办事的每一步都要需要钱来进行。人情钱、论诉钱都是必不可少的。元朝政府任用的一些蒙古官吏，很多都是不学无术的人，有的甚至根本不认识汉字，要题判署事，或者写日子，七字的钩不从右转而是从左转，成为当时的一个笑话。蒙古军队到了元末，也十分的腐化，部队的将领多由蒙古贵族世袭，只知道贪图享受，沉溺于酒色。顺帝时的张祯，当农民起义军毛贵攻到山下的时候，他上诉皇上，当他讲到元朝政府及统军将帅的腐败情况的时候说："臣调兵六年，没有纪律可言，也没有可以规劝的余地，将帅失败了还去请功,把虚的说成是实的,性情不一样,可邀功请赏却是相同。都是些没有才能、残暴、胆怯、贪婪的人，但是从来没有惩罚过。所到之处，鸡犬和财货都被掠去。到了上面给自己说话，反倒说是打败敌人的收获，还要更高的赏赐。这样的政府,这样的将帅,自然不能统兵作战,反而只能去残害人民。"

蒙古统治者为了麻痹人民，大肆宣传宗教迷信思想，耗费人力物力来修筑寺院和"作佛事"，到了后期更是有增无减。英宗为了建造寿安山寺，用钱不计其数，建寺的人有七千人，冶炼铜五十万斤，给寿安山寺作佛像。后期统治者骄奢淫逸，肆意地挥霍浪费，造成国库虚竭，财政非常困难。于是元朝政府除了加重赋税以外，又用滥发纸币的办法来剥削人民，使得币制混乱，形成恶性的通货膨胀，人民的生活更加困难。

由于统治者不关心生产，也不组织防灾抗灾，使得水、旱、蝗灾以及疫病不断发生，由小灾变成大灾。从泰定元年（1324 年）开始到 1368 年元朝灭亡，在这四十多年的时间中，关于天灾的记载屡见不鲜。

以上情况说明，元朝统治一直处于

尖锐的阶级矛盾和民族矛盾之中。各族人民的反抗，先后达到了数百次之多。元顺帝上台以后，各族人民的反抗斗争蓬勃开展起来。为了维护统治，元朝政府下达各种禁令，加强军事控制。蒙古贵族伯颜建议：杀尽张、王、刘、李、赵五姓汉人，以此手段镇压人民的反抗。

二、大起义的爆发

　　人祸、天灾，造成了元末的经济残破，民不聊生。但元朝统治者却仍然醉生梦死地过着奢侈淫逸的生活。广大劳动人民已经无法再照旧生活下去了，于是民怨沸腾。当时，人们往往借用一些自然现象，编造出短小生动的民谣来表达自己的政治心愿。像河北民谣："塔儿黑，北人做主南是客；塔儿红，朱衣人做主人公。"在河南有民谣："天雨线，民起怨，中原地，事必变。"这些民谣，很明显是反对元朝统治的，它符合当时广大人民的愿望，所以出现以后，就广为流传，鼓舞人心。浙江温州和台州地区的人民，由于受不了地主阶级和元朝统治者的残酷压迫和剥削，直接在村边竖起造反的大旗，旗上写着："天高皇帝远，民少相公多；一日三遍打，不反待若何！"这已经成为全国人民的一个共同的愿望。

（一）龙凤政权的建立

元末红巾军大起义，最初的组织者

和领导者是韩山童和刘福通。他们是利用宣传白莲教进行组织活动的。

白莲教又称白莲会，它是自东汉以来，在各个历史时期中不断吸收佛教、道教某些教派的教义，最后与摩尼教合流而成的。南宋时候出现了白莲教这个名称，到了元代流传更盛。由于流传地区和师承不同，他们分成了若干支派。起初，元朝政府曾明令保护白莲教，随着阶级斗争的深入，元朝政府害怕白莲教被群众利用，便加以取缔。但白莲教仍在民间流行。韩山童是北方白莲教的首领之一。他的祖父是白莲教主，被元朝政府以"烧香惑众"的罪名驱逐到永年（今河北邯郸市东北）。到韩山童时，秘密结社有了很大发展，白莲教的活动十分活跃。韩山童、刘福通就利用它作为发动群众的工具，为起义做准备。刘福通宣称韩山童是宋徽宗的八代孙，河南和江淮的人们都相信，贫苦农民中相信的人也很多，都随着他们去参加起义。

元朝末年，水旱灾害不断发生。至正四年（1344年），黄河三次决口，洪水淹没了很多州府，出现了大量的饥民。到至正十一年（1351年）四月，元朝政府任命工部尚书贾鲁为总治河防使，强迫征求十五万的民夫修治黄河，又以两万士兵作为监工，更加加重了灾区人民的负担。而治河官又贪污、克扣治河的钱财，要治河的民工自己带干粮，激起了民工的极大不满。韩山童、刘

福通等人抓住了这一机会，在民工中宣扬"弥勒佛下生""明王出世"，天下就要大乱。一天，民工们突然挖出了一个石头刻的人。这个石人长得很特别，只有一只眼睛，更奇怪的是，背部竟然刻着一行字："莫道石人一只眼，此物一出天下反！"民工们奔走相告，这个消息就像长上了翅膀一样，很快传遍了黄河两岸，人们认为这是老天爷叫他们起来造反。他们本来早就想反抗元朝，现在竟然天意也叫他们造反，这个时候不造反更待何时？正当韩山童在河北永年准备起义

的时候，有人走漏了消息，韩山童被杀。他的妻子和儿子韩林儿逃到武安山避难。刘福通聚集了部分起义群众组织农民起义军，并且出其不意，在这年的五月迅速攻占了颍州，占领了元朝囤粮的地点，获得了大批粮食，散发给贫苦农民，壮大了起义队伍。接着又攻下了罗山、上蔡、真阳、确山。到了九月又攻下了汝宁府和光、息等县。起义军每到一地，便杀掉元朝的贪官，开仓救济贫民，对百姓不杀不淫，毫不侵犯，因此得到了人民的热烈拥护，队伍迅速发展到十多万人。

起义军因为都头包红布，所以叫做

红巾军。又因为这些起义军多数信仰白
莲教和弥勒教，烧香拜佛，因此又叫做
香军。红巾军是元末农民大起义的主力
和中坚力量，人数最多，组织也最严密，
贡献最大，因而元末农民大起义又叫做
红巾军起义。

红巾军占领颍州之后，元朝廷派枢
密院同知（主管军事的中央机构的副长
官）赫斯虎赤率领六千名阿速军（由色
目人中的阿速人组成）和各路汉军前去
镇压。阿速军原来以精悍出名，特别善
于骑马、射箭，但这个时候他们过惯了
舒适的生活，只知道乘机抢掠，早就
丧失了战斗力，而赫斯虎赤等
人只顾自己喝酒，寻欢
作乐，根本没有

心思去打仗。当赫斯虎赤率领兵马和红巾军对峙的时候，看见红巾军人多势众，就吓得连连扬鞭高呼："阿布（跑）！阿布！"并带头一溜烟地逃跑了。主将一逃，士兵们也纷纷溃散。元顺帝为了消除红巾军这个心腹大患，九月，派御史大夫（中央监察机构的长官）兼知枢密院事（枢密院长官）也先帖木儿和卫王宽彻哥率领卫兵十几万人前往镇压；1352年2月，又增派逯鲁曾、月阔察儿、赫斯虎赤等军。1351年12月，也先帖木儿攻陷了上蔡（今属河南），起义军最早的领导人之一韩咬

儿不幸被捕牺牲。1352年3月，元军打下汝宁，元将巩卜班率数万侍卫和蒙汉军驻在汝宁沙河岸，他们为暂时的胜利所陶醉，日夜饮酒作乐。刘福通乘他们不备，偷袭元营，巩卜班被打死，元军溃散。同时，逯鲁曾、月阔察儿、赫斯虎赤三路会攻徐州，受红巾军截击，也相继溃散。巩卜班的下场使也先帖木儿及其部下吓破了胆，他们日夜提心吊胆、疑神疑鬼。有一天晚上，士兵突然叫起来，也先帖木儿以为刘福通又来偷袭了，吓得丢弃军姿粮草，立刻上马逃命，几万人的大军直奔向汴梁逃窜。闰三月，也先帖木儿逃到朱仙镇，元顺帝听说后，一气之下把也先帖木儿撤职查办。可见元朝军队的腐败与无能。

刘福通的农民起义军几次打退了元朝军队的进攻，队伍得到了壮大，立足点稳固下来。至正十五年（1355 年）二月，刘福通找到了韩林儿，把他迎到了亳州，立为皇帝，号小明王，国号大宋，建元龙凤。又以林儿的母亲杨氏为皇太后，杜遵道、盛文郁、罗文素为平章政

事，刘福通的弟弟刘六知为枢密院院事，于是和元朝相对立的农民政权比较完备地建立起来了。

（二）天完政权的建立

在刘福通领导的汝、颖红巾军的影响下，原在袁州发动过起义的彭莹玉，在至正十一年（1351年）八月，又与徐寿辉、邹普胜在蕲州发动起义。后来因为家乡有疾疫的发生，彭莹玉以清泉的水为人民治病，患病的人都被治愈了，把他奉为神一样看待。袁州起义失败之后，他就逃避到淮西，淮西的人民争先庇护他。徐寿辉，蕲州罗田县人，以前是一个卖布的。邹普胜是黄州麻城人，之前是一个铁工，自从彭莹玉在袁州起义失败后，他继续宣传"弥勒佛下生，当为世主"的造反舆论。于是，他们共同推选徐寿辉为首领，聚集群众进行起义，以洪金为号令。他们起义后的第二个月，就占领了蕲水县以及黄州路。十月的时候，徐寿辉以蕲水为都城称帝，国号天完，

建立治平政权，以邹普胜为太师。当时南方人民在元朝政府和地主阶级压迫剥削下，都知道形势有所变化，所以徐寿辉所到的各个地方，都得到了人民的拥护，发展很迅速。所以起义不到半年，在至正十二年（1352年）正月，就攻占了湖广行省的首府武昌，接着起义军又分几路向外扩展。起义军所到的地方，元朝的官军大多不能够与他们进行抗衡，狼狈逃跑。而广大贫苦农民则纷纷参加起义军，至正十二年（1352年）三月，徐寿辉的起义军到达江西饶州地区的时候，就有几万人参加了起义军，声势十分浩大。起义军纪律严明，至元十二年（1352

年）七月，攻下杭州的时候，不杀不淫，也不强制人民去当兵，只是把投降的人记在名单上。但是对于从元朝政府搜刮来的政府财物，加以没收，深受杭州人民的拥护。而元朝的官员，当起义军进城的时候，狼狈逃窜，等到起义军退走的时候，却又耀武扬威地进入杭州，焚烧城池，残暴不堪。

徐寿辉所领导的红巾军，还推行了剥夺富家、救济贫民的政策。至元十二年（1352年），江西宜黄一路涂佑所率的起义军进入了福建，和另一支起义军共同攻占了邵武，他们提出了"摧富益贫"

的口号，号召人们起来造反。他们没收地主阶级的财物来救济贫民，有的地主逃跑了，起义军就跟踪到山谷中去搜索。"摧富益民"的政策受到贫苦人民的热烈拥护，十多天之内就聚集了几万的群众。

面对着农民起义军杀掠有钱人的威胁，地主阶级自然不会放弃自己的阶级利益，他们要做拼死的挣扎，不少地主分子纷纷组织反动的地主武装来反抗农民起义军，如江西、四川、徽州等地区，他们对农民起义军的冲击非常大。元朝政府认识到地主武装可以利用，因此，竭力扩充所谓的"民兵"或者"义兵"。这些地主武装在当时成为农民起义军的死敌，而对于元朝政府来说，在官军不堪一击的情况下，他们又成为了延长生命的兴奋剂。

在元末农民大起义的初级阶段，徐寿辉等人所领导的蕲黄红巾军，起了极为重要的作用，他们发展得很快，声势也很大。因此，当时元朝的军事重点就放在对付蕲黄的红巾军上。至正十二年（1352年），元朝政府任命四川行省派兵向东进攻荆襄地区，命令江西行省派兵守住江东西关隘，对蕲黄红巾军形成了围剿的态势。这些部队在元朝军队中是比较能够作战的，大多是通过招募民兵的形式组织起来的。

徐寿辉领导的红巾军起义之后，开始进行得比较顺利，但是后来由于遇到

了地主武装和元朝军队的抵抗，双方展开了激烈的争夺战，在湖广、江西、江浙等一些战略要地，进行了反复的争夺，战斗打得十分激烈。起义军重要的首领彭莹玉和项普都在战斗中牺牲。到了至正十三年（1353 年）五月，元军由信州和徽州两路进军攻陷了饶州后，就逐渐地向蕲水逼近。六月，攻陷了蕲水西北方的安陆。七月湖北行省的参知政事攻陷了武昌及汉阳。之后，江西的左丞攻陷了蕲水正南方的瑞州。元军从四面八方进逼，终于在至正十三年（1353 年）十二月，元朝政府会和军队，攻陷了蕲水。起义军遭到了失败之后，退避到了新的地区，坚持斗争。

元军对蕲黄红巾军的围剿，到至元十三年（1353年）十二月攻陷蕲水为顶点，以后元军没有能组织更大的军事力量来消灭他们。这是因为当时在高邮的张士诚，在至正十四年（1354年）正月自称为诚王，国号大周。在这个时候汝颖的红巾军也在同年五月进攻庐州。这两处起义部队的行动，支援了蕲黄红巾军，使元朝政府不得不把注意力转向两淮地区。元朝政府在至正十四年（1354年）二月，命湖广行省平章政事为淮南行省平章政事，进攻高邮。又把答失八都鲁、

阿儿灰等部军队调来汝宁和庐州。到至正十四年（1354年）十二月，张士诚在高邮城下打败元军。徐寿辉领导的蕲黄红巾军在这一胜利形势的鼓舞下，再次兴起，大举出击。后来徐寿辉的部将又攻下了襄阳、中兴路、武昌、汉阳、饶州等地。到至正十七年（1357年）的时候，又攻下了巴蜀地区。天完政权又重新壮大了起来，在中央设有丞相、平章等官职，以倪文俊为丞相，并且设有中书省和六部。在军制方面，设立统军元帅府管理军队，在地方设有行省等等，一系列管理的措施都实行了。

（三）李二、赵均用、彭大红巾军起义

刘福通在颍州发动起义后，各地人民群众都深受鼓舞，纷纷起兵响应。北方地区主要有"芝麻李"在徐州起义，

声势较为浩大。

芝麻李原名李二，是邳州（现属江苏省）人。黄河泛滥之后，他的家乡发生了饥荒，他虽然财产不多，但也慷慨地把仅有的一仓芝麻拿出来救济饥民，因此名声很大，大家都亲切地叫他"芝麻李"。刘福通起义后，芝麻李认为元朝不久就要灭亡，于是便和邻居赵均用商量说："如今朝廷不顾百姓的死活，强迫修治黄河，弄得大家贫困不堪，没有活路。我听说颍州有个香军起义，官府拿他没有办法。作为一个男子汉大丈夫，生在当今，就应该有一番作为。"赵均用同意他的看法。赵均用是当地的一个社长，人们都比较熟悉，说："据我所知，樵夫彭大，勇悍而有胆略，没有他，是不能起兵的。我愿意替你去请他。"说完，赵均用便去找彭大，一进他家门，只看见彭大正在磨斧。赵均用问："你磨斧做什么？"彭大说："我天天等待官府的救济，到如今一点也没有，只好磨斧去砍柴，进城换点米渡过饥荒。"说完叹气道："官府实在信不得！"赵均用一听，马上接着说："你如果能够和我一起起义，我们就不再受官府的压迫，就能够过上好生活。"于是，芝麻李、赵均用、彭大等八个人，歃血为盟，并仔细商量了起义的计划。

至正十一年（1351年）八月十日，他们八个人分成了两组：一组四个人化装成治河的民工，进入了徐州城；另一组四个人留在了城外。到半夜四更的时候，城里面的四个人点起火，呐喊起来，城外的四人也点起四把火，大声呼喊。静悄悄的城里立刻大乱，城里的四人乘乱夺取了守城官兵的武器，乱杀乱砍，并打开了城门，让城外四人进来。城里的元军受到这个突然的袭击，各个都手足无措，只好乖乖地从命。芝麻李等只用八个人，就夺取了徐州城。第二日天亮之后，他们招募百姓参加起义军。队伍很快就发展到十万人，连续攻下徐州附近的州县和安徽境内不少地方。

同时起义的还有布王三，他原名王权，是一个布贩子，所以人们叫他"布王三"。他联合张椿等人占领了邓州、南阳，叫做"北锁红军"。孟海马，叫做"南锁红军"，攻陷了房、归、均、峡、荆门等州。

当时，元朝几次派兵镇压刘福通都遭到惨败，以后就改变策略，重点进攻刘福通的两侧，就是芝麻李和布王三、

孟海马领导的红巾军。

元朝派逯鲁曾到徐州镇压芝麻李，由于兵力不足，他招募了两淮的三万盐丁，组成了一支"黄军"，包围了徐州城。这时脱脱看到徐州唾手可得，为了争得战功，也亲自率兵攻打徐州。后来徐州城破，元军进行了惨无人道的大屠杀，"芝麻李"不幸被捕，光荣牺牲。他领导的红巾军虽然受到挫折，但其他各支起义军仍如火如荼地发展着。

三、张士诚和方国珍起义

在元末农民起义军中，除了红巾军之外，还有一些不信白莲教和弥勒教、不用红布包头的队伍。他们当中，方国珍、张士诚两支队伍人数最多。

（一）大周政权的建立

张士诚，小名九四，江苏泰州人。有弟兄三人，他们贩盐卖给了有钱的人，但往往遭到侮辱，更有的买了盐不给钱。

红巾军起义爆发之后，张士诚及张士义等十八人和一些大盐商，率领一些贫苦的盐民进行起义。他们在丁溪击溃汉族地主刘子仁的"义兵"，乘胜进攻泰州，但张士义中箭身亡。张士诚联络王克柔的余众，打下了泰州，队伍发展到一万多人。1354年正月，张士诚自称诚王，在高邮建立了政权，国号大周，年号天佑。六月，张士诚率兵进攻扬州，打败了当时守卫扬州的元军。高邮原来是属于河南江北行省扬州路管辖，后来因为汝颖、蕲黄两地红巾军的两淮起义，元朝政府为了加强两淮地区的统治，把淮南的江北行省立在了扬州。张士诚占领高邮之后，南北的运道梗塞，这就使仰赖江南赋税供应的元朝政府十分恐慌。当张士诚刚起事攻下泰州的时候，元朝淮南行省就派遣军队去镇压，镇压不得手，就派高邮知府李齐去招降，张士诚杀了李齐和淮南江北行省参知政事赵琏，拒绝投降。

至正十四年（1354年）九月，元朝政府派遣中书右丞相脱脱总领各路军马前来镇压，甚至连西域、西番也来发兵相助。旌旗千里飘飘，战鼓雷鸣，这样大的气势，以前从未有过。同时，南方的不少地主武装也积极参加了这次围剿。如浙江东部的地主戴国彬，浙江西部的地主也连夜聚集出动。但是张士诚的军队面对强敌，毫不气馁，英勇地去反抗，固守高邮城，使得元军在高邮城之外，

一筹莫展。为了敷衍元顺帝，脱脱接受了部将董抟霄的建议，先攻打比较容易攻打的地方，于是分兵攻陷了天长、六合，但高邮却仍久攻不下。这个时候，脱脱的政敌哈麻与别人勾结，向顺帝献媚，取得顺帝的欢心，并在顺帝的面前不断地攻击脱脱。元顺帝以浪费朝廷财费三个月，却没有什么实际性的进展的罪名，剥夺了脱脱的官爵和兵权。哈麻又怕脱脱不奉行诏旨，因此在他发出诏旨之前，派人先到军中，告诉他们说："诏书且至，不即散者当族诛。"所以诏书一到军中，大军数百万，一时之间，都向四面八方散去了。即使那些不散没有依附的人，也大部分跟随了张士诚的红巾军了。张士诚的起义军趁着这个形势，把元军打败。

高邮战役是元末农民战争中一次重要的战役，从此以后，元兵很难再重新振作起来。而农民起义军则是走向了一个新的高潮。在北方，刘福通领导的红

巾军拥立韩林儿为皇帝,分兵三路,进
行北伐。在南方,徐寿辉领导的红巾军
则立即反攻,很快重新攻占了湖广、江西
等大部分地区。而朱元璋和张士诚则先
后渡江占领了浙东、浙西的大片领土。

(二)方国珍起义及降元

方国珍,浙江台州黄岩人,贩盐、
航海出身。他的父亲是一个佃户,他看

不惯父亲对田主那种恭维的样子，就问
他的父亲："田主也是人呢，为什么我们
要对他如此的恭敬呢？"至正八年（1348
年），方国珍在周围造反情绪的影响下，
与兄弟等数千人起义。他们夺得了元朝
政府的运粮船只，在浙江沿海活动，阻
断了元朝漕粮北运的海道。元朝政府立
即派江浙行省参政朵儿只班舟师前去镇
压。方国珍在福州的五虎门海面打败了
元军，俘获了朵儿只班。但方国珍的意
志不是很坚定，竟然通过朵儿只班和元

朝疏通，接受了元朝政府的招降，做了
庆元定海尉的官。方国珍回到自己的家
乡，招兵买马，势力越来越大。以后，
方国珍一次又一次要挟元朝给他加官晋
爵，双方讨价还价，他有时反元，有时
降元。

四、韩林儿、刘福通
红巾军的北伐

　　韩林儿和刘福通在至正十五年（1355年）在亳州建立了宋政权以后，当时分散在中原各地的红巾军，大部分都接受他的领导，因为这些首领大多是韩山童传教时的"门弟子"。当时在滁阳地区的郭子兴的红巾军，也接受龙凤政权的领导。于是刘福通就积极向元朝统治地区进军。这个时候元朝政府除了原有的几支主要部队以外，又增添了几股地主反动武装，尤其是察罕帖木儿成为地主武

装中最凶悍的一支。

察罕帖木儿的曾祖父阔阔台投靠蒙古贵族当军官，在元朝初年随元军来到河南。后来，他的祖父和父亲就在河南定居下来，于是就成为安徽林泉县人。察罕家庭汉化比较深，察罕从小就喜好汉学，曾经参加进士考试。他看到红巾军不断攻占江淮郡县，而朝廷征兵进行征讨，但是没有成功，于是怀着地主阶级对农民军的仇恨心理，至正十二年（1352 年）在他的家乡组织了一支地主武装。他与沈丘罗山典史李思齐合兵，袭破罗山。于是元朝政府就授予察罕为汝宁府达鲁花赤，李思齐为知府，各地流亡的地主都纷纷来到这，在沈丘成一军。这一支地主武装和元朝其他的几支部队，成了龙凤政权的死敌，对中原地区的红巾军起了极大的破坏作用。

到了至正十五年（1355 年）六月，刘福通率领大军打败河南行省平章答失八都鲁的部队，迫使答失八都鲁收兵，驻扎在中牟。九月，起义军跟踪到中牟，又给答失八都鲁以狠狠的打击，后来答失八都鲁与他的父亲失散。这一年，农民起义军连续攻下了开封以南的许多郡县。察罕帖木儿扼守虎牢，防止起义军过河。十二月，元朝政府又征兵，加强了答失八都鲁的军事力量，而刘福通在

两次获胜的骄傲情绪之下，放松了警惕，结果败给了答失八都鲁，被迫撤出了亳州，退到了安丰。在安丰，农民起义军整顿了队伍，但是没有多长时间，官兵又开始猖獗起来，起义军被逼分道进行活动。李武、崔德所率领的起义军，一路上风驰电掣，到至正十六年（1356年）九月攻破了军事重镇潼关，杀了参知政事述律杰。至正十七年（1357年），刘福通派遣毛贵率领一支农民起义军向山东进军。毛贵进军神速，二月攻下了胶州，三月攻下了莱州、益都和滨州。

　　至正十七年六月，刘福通亲自率大
军进攻汴梁，就是现在的河南开封，并
分军三路进行北伐：中路由关先生、破
头潘、冯长舅、沙刘二以及王士诚等率
领攻向山西、河北；西路由白不信、大
刀敖和李喜喜率领攻向关中；东路由毛
贵向北进攻，直指大都。他们在军旗上
写着豪言壮语，表示了农民起义军气壮
山河、势必推翻元朝统治者的决心。

　　关先生等人所率领的中路军，是为
了配合毛贵的东路军攻取大都的。至
正十七年（1357年）九月，中
路军越过太行山，攻克了山西
的陵川。九月，占领了山西长
治，然后进攻重镇山西太原。

因为察罕帖木儿在这一带驻有重兵，红巾军又退入太行山。至正十八年（1358年）二月，毛贵派遣部将王士诚继续从益都出兵，进攻怀庆路，杀了这个路的总管王得贞。六月，王士诚又攻占了现在的山西临汾。十月，关先生从定州向西，占领大同，又向北进攻兴和等路。十二月，关先生、破头潘攻克了元朝的上都，焚毁了皇宫，烧了鲁王府。又夺取了辽阳行省所在地的辽阳路，大败元朝左丞相太平的儿子也先忽都。后来，中路军进军高丽，就是现在的朝鲜，在高丽大约

三年的时间，到至正二十二年（1362 年）初，红巾军被亲向元朝的高丽军大败，关先生战死，剩下的人在破头潘的领导下退守到辽阳。四月，破头潘在辽阳被俘。另外，在至正二十年（1360 年），由汤通、周成率领的一支中路军曾经攻下大宁路，后来也被元朝的将领很快打败，汤通、周成牺牲。到至正二十二年（1362 年）四月，北伐的中路军完全失败了。

进攻陕西的西路军最初是由李武、崔德领导的。他们攻克平陆、安邑之后，察罕帖木儿很快追来，红巾军战败，队伍溃散。至正十七年（1357年），李武、崔德又重新组织一支红巾军，突然从襄樊出兵占领了商州，进攻武关。二月，又夺取了七盘，进据陕西的蓝田，逼近陕西行省首府奉元路。同时分兵攻克了陕西的许多州。元朝政府不得不令察罕帖木儿、李思齐从陕州、潼关进攻陕西红巾军。由于这些元军已经赶到，李武、崔德只好放弃进攻奉元路的计划。六月，刘福通派白不信、大刀敖、李喜喜增援李武、崔德。他们进入陕西后，夺取兴元路，占领了秦陇地区，进攻甘肃的陇西。十月，西路军进攻陕西的凤翔，察罕帖木儿率军队进行救援，红巾军失利。至正十八年（1358年）四月，一部分西路军在李喜喜率领下进入四川，叫做"青巾"。后来青巾被徐寿辉部将明玉珍赶走，李喜喜只好率领部下到达武昌，投奔陈友谅。留在陕西、甘肃、宁夏一带的李武、

崔德，曾经在至正十九年（1359年）四月攻占宁夏路（宁夏银川）、灵州（今宁夏灵武南）等地。至正二十一年（1361年）五月，李武、崔德被李思齐打败。因此，北伐的西路军到此就完全失败了。

毛贵所率领的东路军是北伐的主力，是为了攻取大都的。他们占领山东的胶州、莱州、般阳、益都、滨州等地之后，元朝统治集团惊恐万分，马上命令湖广行省左丞相泰不花、知枢密院事等人出兵堵截毛贵。至正十七年（1357年）七

月，镇守黄河的元朝义兵万户田丰，也来响应毛贵的起义，攻占济宁路，不久被另一元朝义兵万户孟本周夺取，田丰被迫转战到山东济宁、临城一带，后来又夺回了济宁路。当年冬天，在山东惠民的元朝义兵千户余宝也杀死知枢密院事，宣布起义。当时，元朝派到山东镇压农民起义的元军总指挥太尉，一直躲藏在山东的聊城，不敢去出战。至正十八年（1358 年）正月，田丰攻陷南北漕运的枢纽东平路，元朝的漕运从此中断了。同时，毛贵在益都的好石桥击败了敌人，在二月初攻下了济南。到现在，毛贵、田丰占领了山东的大部分地方。刘福通在山东益都等处设立行中书省，任命毛贵做平章。毛贵设立了"宾兴院"，选用以前的元朝官吏姬宗周等人为地方政权的官吏，并且还颁发铜制的印章，给予各级官吏行使权力，维护地方秩序。同时，毛贵在莱州组织了三百六十处屯田，

每个屯相隔三十里；又制造了大车数百
辆，运粮食进行储备。不论是官田、民
田，一律收税二成，赋税标准是最低的。
由于毛贵十分重视生产，因此山东的局
势一直很稳定，成为北伐的基地。这样，
毛贵就在至正十八年（1358年）二月，
开始挥师北伐，进入河北，准备攻占大
都。首先，毛贵击败并杀死了元朝河南
行省右丞。接着，又攻下河北的清、沧

二州，占领长芦。三月，攻陷河北的蓟州，到达北京通县西南，元朝的枢密副使达国珍战死，毛贵直逼京城大都。以顺帝为首的元朝统治集团惊慌不安，乱作一团，有的主张北逃，有的主张迁都西安，甚至有的准备派人去高丽修宫殿，不知道怎么办才好。但是毛贵只是孤军深入，其他各支红巾军没有配合。元朝召集四方军队来援，毛贵在柳林被打败，

不得不退到济南。而且在这个关键的时刻，东路军内部发生了内讧。至正十九年（1359 年）四月，从淮安到山东投奔毛贵的赵均用，卑鄙地杀害了毛贵。七月，毛贵部将从辽阳回到益都，杀死赵均用。东路军由于自相残杀，从此一蹶不振。田丰在毛贵北伐的同时，也取得了重大的胜利，先后攻下了东平、济宁、东庆路、晋宁路，后来又折回山东。这时山东虽然大部分都被红巾军占领，可是由于毛贵被杀，群龙无首，互相攻打。其中，田丰、王士诚两派势力较大，田丰自称为花马王，王士诚自称扫地王。至正二十一年（1361 年）六月，察罕帖木儿开始向东路军进攻，先后占领了山东的冠州、东昌。八月，察罕帖木儿派他的养子、部将造浮桥渡河，田丰带两万人夺桥没有成功，长清陷落。元军进攻东平，田丰部将也战败，东平被围。田丰投降，元朝任命他为山东行省平章。察罕帖木儿令田丰

为前锋，先后招降了余宝、王士诚、杨诚，然后围攻济南，同时向南攻打泰安、北打济阳、章丘，向东攻打沿海州县。由于叛徒刘篦的出卖，至正二十一年（1361年）八月，济南落入元军手中。察罕帖木儿因为镇压红巾军有功，被升为中书省平章政事（副宰相）、河南知事、山东行省枢密院事。十月，察罕帖木儿进攻益都，毛贵的部将坚守。同年六月，田丰、王士诚刺死了罪大恶极的察罕帖木儿，重新回到了红巾军的队伍，进入了益州城。扩廓帖木儿继续围攻益都。十一月，益都也陷落了，田丰、王士诚不幸被杀，接着，莒州也被攻下，所以说，北伐的东路军到1362年年底也完全失败了。

到至正二十二年（1362年）年底,东、西、中三路北伐军虽然先后失败，但是他们在北伐的过程中，牵制、消灭了大量元军和汉族地主武装，动摇了元朝在北方的统治基础，刘福通率领的中央红巾

军,乘机向外出击。至正十七年（1357年）
六月，刘福通进攻汴梁，但是没有打下
来。八月，刘福通占领大名路、卫辉路。
于是河南北部、河北南部广大地区被刘
福通占有,形成了对汴梁的包围圈。当时，
驻守在太行山以东的是元朝河南行省平
章答失八都鲁。他曾经多次败在红巾军
的手下，深深知道红巾军的厉害，不得
不向朝廷求援。元顺帝增派知枢密院事
答里麻失里来支援，结果元军还是大败，
答里麻失里战死，答失八都鲁退到石村。
由于屡战屡败，答失八都鲁又气
又愁，抑郁而死，他的儿
子退守到河北。第二年
五月，刘福通再次发动
对汴梁的进攻，元朝守
将竹贞节逃跑，红巾军
打下了汴梁。刘福通把
汴梁定为宋政权的都城。
汴梁是原来北宋的都城，

北方红巾军是用"复宋"作为号召的，因而攻占汴梁是北方红巾军多年的愿望，对于推翻元朝统治者具有很大的号召力。这时，北方红巾军出现了鼎盛的局面。但是，由于三路北伐军的逐渐失败，形势逐渐恶化。元军对宋政权的围剿也不断地加剧，察罕帖木儿和孛罗帖木儿带领的两支最凶狠的反动军队，对刘福通起义军的包围圈在一步步地紧缩。至正十八年（1358 年）七月，察罕帖木儿把

军队移到了洛阳，加紧了对于汴梁的包围。孛罗帖木儿拼命地进攻曹州，企图切断汴梁和山东红巾军的联系。十一月，曹州陷落，起义军首领英勇牺牲。第二年年初，孛罗帖木儿又北上山西的代州，内蒙古的丰州、云内，驻守大同，切断了汴梁和中路北伐军的联系。这时，宋政权的处境非常危急。察罕帖木儿移军虎牢，分兵两路。南路攻打归、亳、陈、察，北路在黄河边布置了战船，派兵守住黄陵渡；五月，又派陕西、山西各路元军，把汴梁围得水泄不通。因为红巾军主力分三路远征，中原红巾军力

量比较薄弱，所以刘福通开始时采取坚守不战的正确战略。但是后来由于元军以苗军做诱饵，红巾军出战，中了埋伏，被打得打败。八月，汴梁城被攻破，刘福通保护韩林儿冲出重围，逃奔安丰。汴梁城里数万红巾军战士和宋政权官吏、家属都被俘虏了。到了至正二十二年（1362年）二月，三路北伐的红巾军都已经失败，安丰孤立无援，城内空虚，曾经投降的张士诚趁火打劫，派大将吕珍进攻安丰。安丰城中粮食已经断绝，军民都已经饥

饿不堪，甚至连尸体也挖出来充饥。就
这样，红巾军仍然坚守。韩林儿向朱元
璋求救，朱元璋亲自率大军赶来救援，
可惜已经迟了，刘福通奋力战斗，光荣牺
牲。刘福通没有死在元军和汉族地主武
装手里，却死在原来也是起义者的张士
诚的手下，不能不说是一个大悲剧。朱
元璋来救援，救出了韩林儿。后来，韩
林儿被安置在滁州。至正二十六年(1366

年）十二月，朱元璋假意命令部将廖永忠迎接韩林儿到应天（江苏南京），在路上的时候，把小明王沉死在长江之中。

由于韩林儿只有空名，实权掌握在刘福通的手中，而至正十七年（1357年）六月以后，刘福通的号令越来越行不通，将领各自谋取自己的利益，甚至互相残杀、自我削弱，同时绝大多数起义军占领一个地方后，不知道建设巩固的根据地，往往得到了又失去，所以刘福通领导的北方红巾军最后被汉族地主武装镇

压下去了。但是，它坚持了十三年，经过大小数百战，是元末农民大起义的主力和中坚，在推翻元朝统治中，出力最多，贡献最大。北方红巾军和它的领袖刘福通、毛贵等人的名字和光辉业绩，极大地鼓舞了全国的反元斗争，对于推翻元朝统治作出了重大的贡献。

五、朱元璋参加
红巾军并建立明朝

正当南北两支红巾军在广阔的战场上同元朝军队和地主武装作战的时候，朱元璋发展了自己的力量。在进行了十年之久的农民战争之后，朱元璋削平了江南群雄，开始发动北伐讨元的战争，推翻了元朝，统一了全国。

（一）江南政权的建立

朱元璋，濠州（今安徽凤阳）钟离

人，出身于一个贫苦农民的家庭，小时候给地主家放牛看羊，过着穷困的生活。17岁的时候，父母兄弟相继死亡，由于无依无靠，就到皇觉寺当了和尚。住了五十多天，寺院的和尚因吃不饱而遣散僧人，他没有办法，为生活所迫，当了两三年的游方僧，实际上也就是乞丐，沿途要饭，生活自然十分艰苦。到至正八年（1348年）又回到了濠州的皇觉寺。在这三年多的时间内，他周游了安徽、河南的八九个郡县，熟悉了这一地区的地形。由于生活在社会的最底层，了解到了社会的弊病，丰富了社会知识。由于无依无靠，到处周游，自然就要去结识江湖上的朋友，增长了江湖义气。由于离开家乡，到处周游，自然也扩大了眼界，冲刷掉了保守狭隘等农民固有的习性。艰苦的流浪生活，也锻炼了勇敢坚强的性格，但同时这种流浪生活也铸就了他性格的另一方面——猜忌、残忍。

所以朱元璋这三年多的流浪生活，对他后来事业的发展，有着十分重要的影响。

至正十一年（1351年）江淮一带人民纷纷起义，其中以颍州刘福通的起义影响最大。第二年，定远人郭子兴与孙德崖等五人率众起义，自称元帅，攻占了濠州城。元朝政府派彻里不花率领三千骑兵前来镇压，但是元军胆小，害怕打仗，不敢逼近红巾军，远远地离濠州城三十里扎营，只有四处去捕捉老百姓，包上红头巾，充当抓到的红巾军俘虏，向上级去献功。于是，百姓都遭受其害，相继进入城中，去参加红巾军。朱元璋也在这种情况下，前往濠州，参加郭子兴领导的红巾军。朱元璋刚开始的时候只是一个小小的步兵，两个多月后，郭子兴提升他为亲兵九夫长，并且调到帅府去做事。郭子兴看到朱元璋度量豁达，有才智，才能出众，把他视为心腹，并且把养女马氏嫁给了他。从此，人们就叫朱元璋为"朱公子"。

在濠州和郭子兴同时起兵的孙德崖等四人，名位都在郭子兴之上。他们与郭子兴的意见常常有些分歧，而郭子兴也看不起他们的粗直的脾气，言语之中

常常带些讥讽。至正十二年（1352年）九月，元军攻陷了徐州，起义军首领李二战死，彭大和赵均用率领余部突围到濠州。彭大和赵均用虽然率领着战败的军队，但兵力仍然要比濠州的起义军强大，因此，濠州的五帅都受彭大和赵均用的节制。郭子兴和彭大一起，赵均用和孙德崖等四人在一起，两方面不断发生摩擦，十分激烈。后来元朝将领贾鲁追击农民军，包围了濠州城，大敌当前，只好暂时把内部矛盾放在一边，共同对付农民军，后来贾鲁死了之后，元兵都离开了。濠州起义的人在五个月的守城作战中大部分死伤，于是朱元璋回到家乡去招募军队，招到了七百人，郭子兴就让他去带领，并且提升他为镇抚。从此，朱元璋成为正式带兵的军官。但是朱元璋感到几支起义军在同一个地方，相互之间不断发生冲突，彭大和赵均用常常以王者自居，部下也都欺凌他人，心里

很不满。因此，他决定离开濠州，独立发展。为了不引起其他首领的猜疑和反对，他在至正十四年（1354年）六月离开的时候，把原来所率领的七百人的部队让给了其他人去统领，只是从中挑选了徐达、汤和等二十四人，带到了定远。这个时候定远张家堡有民兵三千人，因为缺乏粮食，走投无路，朱元璋就把他们招编过来。接着又凭借这一支三千人的队伍，收编了缪大亨在横涧山的义兵两万余人。从此，朱元璋有了几万人的大部队，发展十分顺利。定远人冯国用和他的弟弟冯国胜，都很喜欢读书，通晓兵法。当朱元璋统率新整顿好的部队向滁阳进军，路过妙山的时候，曾和他

们讨论天下大事，冯国用建议他先夺取
帝王之都金陵，然后出兵征伐，提倡仁
义、收买人心，不要贪恋美女金钱，天
下才能够稳定。冯国用的这一席话，正
合了朱元璋口味，朱元璋十分高兴，就
叫他在幕府当参谋计议大事。当朱元璋
的部队向滁州进军的途中，定远人李善
长也到军营中求见，他从小就有智慧及
计谋，能够预测事情，都很准确。朱元
璋就留他在幕府掌书记。朱元璋有什么
问题就去询问他，称其有诸葛亮的才能。
此后，李善长也确实起到了这样的作用。
将领之间有摩擦的，李善长为他们调节。
对于新来归附的战士，李善长审查他们
的才能，建议朱元璋因才施用，并向他

们解释朱元璋对他们的诚意，使他们解除疑虑。

至正十三年（1353 年）七月，朱元璋的部队顺利地攻下了滁州。不久，郭子兴率剩下的部队万余人来到滁州，看到朱元璋的将兵三万多人，号令严明，非常高兴。十月，元代丞相脱脱率师围攻高邮，分兵攻打六合。六合的起义军派遣使者来到滁州求援，郭子兴因为和他们的首领有仇，不肯发兵去救援。但是朱元璋看到了唇亡齿寒的形势，就率

兵前去支援，实在抵抗不住了，就组织全城军民撤退到滁州。元兵跟踪追击到滁州城外，朱元璋在涧边设置埋伏，大败元军。这时朱元璋清醒地估计到，虽然打了胜仗，但是元军还依旧很强，由于害怕元军再来攻打滁州，朱元璋就要城中的父老把战场上获得的元军的马匹之类的东西，都送还给元军，还肯定地告诉元军将领说："滁州城中的都是老百姓，聚集在一起，只是为了防御盗寇，你们应该去攻打高邮才对，怎么分兵来攻打滁州呢? 饶了这一地方的百姓们吧。军需物资是我们情愿供应的。"朱元璋就这样把元军这一股祸水引向了高邮。

元军撤退了，接着张士诚又在高邮大败元军，江淮地区的农民军就活跃了起来。但郭子兴却没有什么远大的抱负，只是觉得自己和其他起义军的首领相比，名声还不够大。当时元朝的军事压力虽然解除了，但是几万军队聚集在滁州这

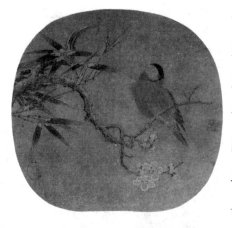

个山城里，军粮却出现了问题。朱元璋建议移兵到和阳。至正十五年（1355年）正月，张天佑和汤和率军攻取和州，郭子兴就任命朱元璋为和阳总兵。当时军队纪律非常不好，朱元璋就通过各种手段去整顿军纪。不久，孙德崖的起义军也来到和阳，郭子兴一听到孙德崖到了和州，他也急匆匆地从滁州赶来，双方发生了一次冲突，孙部抓了朱元璋，郭军抓了孙德崖，结果是双方以相互交换而告终。

至正十五年（1355年）三月，郭子兴病死，这个时候刘福通等人已经在亳州建立了龙凤政权，就派人去和阳招人，大家推选张天佑到亳州去任命。四月，张天佑带回龙凤政权的命令：以郭子兴的儿子郭天叙为都元帅，郭子兴的妇弟张天佑为右副元帅，朱元璋是左副元帅。但在实际军事事务中，朱元璋掌握大权，他也是事实上的主帅。因为朱元璋有一支自己亲手建立起来的军队，也有和自己患难与共屡经战阵的贴身将领，还有一批为他出谋划策的谋士。朱元璋对上面的任命实际上是十分不满意的。但是他的部下将领和谋士们提出，光靠自己的力量，确实还不够，不如先接受这个任命。朱元璋这才接受。

和州（安徽和县）紧靠长江北岸，虽然水陆交通比山城滁州要好些，但是它的前面是长江，后面又是龙凤政权的管辖地区，不利于向外面发展，而且这个时候元军又不断前来攻击，还有孙德崖所部的农民军也总是想来吞并，军粮也成了问题。所以要想摆脱这样的困境，得到大的发展，就必须打过长江去，这是冯国用、李善长等刚参加朱元璋的起义军的时候就已经提到的。现在虽然已经驻军在江岸，但面对着滔滔的江水，没有办法渡过。

朱元璋正在发愁没有船只渡江的时

候，巢湖水军俞通海前来请求支援。原来，汝颍红巾军起义之后，俞廷玉和他的儿子通海、通源以及赵普胜等，三次派人到和州请求支援。朱元璋在至正十五年（1355年）五月亲自率兵去巢湖，正赶上大雨，巢湖水军的船只顺利驶入长江，除了赵普胜在途中率领他的部队彭莹玉以外，其他的水军和船只都到达了和州，于是军威大振，这时常遇春和邓愈也都归附了朱元璋。六月一日，朱元璋率领部将渡江。按照朱元璋的指示，先攻取了牛渚，再向外发展，攻下了采石镇。江东地区的太平比较富裕，当时

将士和士兵都已经很饥饿，看到粮食和牲畜，都想抢回去。朱元璋看到这种情况，就和徐达说，现在大军渡江，比较幸运的能够打败敌人，就应该乘着这个时候夺取太平，如果军士夺取财物就回来，再去攻打恐怕很困难，江东就不是我们的了，大好的形势就失去了。于是朱元璋就下令把船的绳缆全部砍断，把船推到江心，顺流而下。这样一来，就断了士兵返回北岸和州的念头，军士们都很吃惊。后来朱元璋夺取了城池，不许将士们夺取百姓的财物，只是把有钱人献出来的金帛，分给将士们。

当农民军进入太平城的时候，儒士李习、陶安等率领人们出城来迎接，陶安见到了朱元璋，就说："我们已经等你很久了。"朱元璋就问他："我想夺取金陵，请问您认为如何？"陶安说："金陵是历代帝王的都城，龙盘虎踞，又凭借着长江的险要，如果想要夺取它，根据它的

明　徐达

地形，出兵来攻克它的四方，则没有什么破不了的。"陶安的这一建议，和以前的冯国用、李善长所说的基本相同，很合朱元璋的心意，就任命陶安为参幕府事。并把太平路改为太平府，任命李习为知府。大家推举朱元璋为元帅，朱元璋又任命李善长为帅府令使。移用宋龙凤年号，旗帜和战衣都用红色。朱元璋的江南政权已经初步建立了起来。

这个时候，太平周围的元军向没有稳定的红巾军反扑过来。元朝的右丞相、中丞相和义兵的元帅分为水陆两道，直接来攻打太平城。朱元璋亲自督兵进行作战，郭天叙和张天佑在这场战争中牺

牲。二人死后，朱元璋就接管了郭子兴的所有部队。这个时候，蛮子海牙的水军还在采石江上截断太平红巾军和北岸和州等地的联系。由于红巾军将士的家属还留在和州，没有办法互通消息，人心都很不安。至正十六年（1356年）二月，朱元璋命令常遇春率军进攻蛮子海牙的水军，蛮子海牙逃进集庆城里，从此南北可以进行沟通。三月一日，朱元璋亲自率领大军，三次攻打集庆，从太平水陆进攻。三日到达江宁镇，破了陈兆先的营寨，得到了降兵三万六千人。十日，攻破集庆城，元军守将行台御史大夫战死，蛮子海牙逃跑投降张士诚，水军元

帅投降，得到了军民五十多万。第二天，朱元璋巡视了集庆城后登上城楼，对他身边的徐达说了这个大好形势，只要同心协力，没有不成功的道理。当天就改集庆路为应天府，建立统军的大元帅府。到七月，又置办了行中书省、枢密院、理问所、提刑按察司、营田司等机构。朱元璋很快就把政治、军事、经济等方面的机构建立起来，俨然是一个政府。

（二）江南政权的巩固和发展

1. 周围的形势

朱元璋在至正十六年（1356 年）渡

江建立江南政权的时候，张士诚也在这年的二月攻下了平江，建为国都；徐寿辉的蕲黄红巾军也东山再起，迁都于汉阳。而刘福通、韩林儿龙凤政权所派遣的西征军，也在这年的九月攻下了军事重镇潼关。整个农民起义的形势十分喜人。但从朱元璋江南政权来说，形势却十分严峻。东南方向的张士诚的势力已经从平江伸展到常州；西北方向，徐寿辉的红巾军已经扩充到池州。这些虽然都是农民起义部队，但是彼此之间也是水火不容的。而元朝的军队也紧紧地包围着江南政权。

从当时朱元璋的战略形势来看，镇江是应天的大门，如果张士诚占领镇江，则东边的门户就被打开了，张士诚随时可以进攻应天。宁国和广德则是应天的南大门，这两个地方如果长期为元军所占，或者被徐寿辉攻占，那么敌

明　常遇春

人也可以随时进攻应天，使得江南政权不得安宁。要确保应天的安全，就必须尽快占领这几处地方。因此，朱元璋在占领集庆的当月，就派徐达攻下了镇江。到了六月份，又派邓愈攻下了广德。这样就保证了应天的安全。宁国则是因为元军派有重兵驻守，徐达、常遇春都没有把它攻下来，直到至正十七年（1357年）四月，朱元璋亲自统率大军才把它攻了下来，俘虏了朱亮祖，得到将士十余万。朱元璋原来想占领镇江以后，与在平江的张士诚采取保境相安的策略。派遣杨宪到张士诚那里去通好，但是张士诚非常不高兴，拘留了杨宪，并且派兵到镇江，被徐达、汤和所打败。朱元璋感到张士诚既不愿通好，然而双方所占领的地盘又是紧紧相连的，就下决心先攻打张士诚，以安定自己的大本营。在打败了张士诚进攻镇江的部队之后，立即派徐达进攻常州。到了至正十七年（1357

年）二月，攻克了常州。同时派耿炳文、刘成从广德攻克长兴。六月，攻下了江阴。七月，徐达攻下了常熟。这一系列的胜利，对于朱元璋而言，意义重大。朱元璋在攻下常熟之后，就停下了对张士诚的攻势，把矛头转向了浙东方向的元朝统治。因为张士诚的部队战斗力比较强，暂时不容易拿下。

朱元璋在攻占了广德和宁国路之后，不仅保障了应天的南大门，而且还打开了向浙东发展的道路。于是朱元璋就派他的得力亲信将领耿炳文守住长兴，吴良守江阴，汤和守常州，而他自己则亲自指挥大军向浙东进发。先后攻克了皖南诸县。朱元璋把浙江的金华县改为宁越府，后来又改为金华府，并且在这个地方安置了浙东行省。经过两年左右的时间，江浙省西部的元朝统治地区大部分被朱元璋所攻克。朱元璋江南政权的辖区扩大了。从此，这一带成了朱元璋补

充兵源和军需物资的基地。

朱元璋之所以能够顺利地攻占浙东地区，是因为当时元朝在这里所管辖的州县，都是一个个的孤立据点。另一个原因就是浙东地主和元朝政府的离心力越来越大。元朝政府当农民起义军高涨的时候，曾经表示要放宽对汉族地方官僚和知识分子的民族歧视政策，但当这些地区的农民起义形式一度低落的时候，元朝政府和蒙古、色目官僚又继续对汉族官僚和地主武装进行排挤，如最初组织地主武装协助元军镇压方国珍的几家豪族。所以朱元璋的军队一到，不少地主知识分子就投向朱元璋。而朱元璋的军队纪律很严格，每每攻克一地不杀不掠，受到了广大人民的欢迎。

2. 推行的政策

朱元璋对地主知识分子是很重视的，在没有渡江之前有李善长、冯国用等一批文人参加了他的起义军，渡过长江以后，随着统治地域的扩大，地主文人更是纷纷地向他靠拢。当时的浙东文人叶深、章溢、刘基都被聘召大应天的时候，朱元璋还特地为他们盖了一所礼贤馆。朱元璋到处搜罗地主文人学士，但是也不是随随便便地任用。一方面对知识分子作用的重视，另一方面怕他的部将一旦与文人结合，会威胁到他的地位。

在元朝民族歧视政策的压迫下，投向朱元璋的地主阶级知识分子，大多是没有功名的，或者只是在元朝地方政府任低级官吏，一生也很难有大的成就。如李善长只是里中长者，陈遇是温州的

教授，陶安是明道书院的山长，刘基的官职较高，由进士而被任命为元帅府都事，但后来也不做官而去种田。这一批封建士大夫认识到天下瓦解的趋势，他们也自称是胸中有国、有远谋的有识之士。从当时的情况来看，他们确实是治国安邦的杰出人才，对于朱元璋的事业起了不小的作用，主要有以下的几个方面：

选择金陵为根据地。渡江前的冯国用、李善长和渡江以后的陶安，都向朱元璋提出建议，先攻占金陵为根本，然后出兵再去攻打四方。从地理位置上来说，金陵北面以长江作为屏障，南面有吴会，从长江下游形势来说，确实是向外发展的理想地区，为朱元璋以后向外发展起了积极的作用。

提供斗争的策略。在朱元璋的部队攻克徽州之后，朱升向朱元璋提出了"高筑墙，广积粮，缓称王"的斗争策略。

朱升这一建议，是根据当时客观形势提出来的。高筑墙，就是要朱元璋巩固自己的管辖地区；广积粮，就是要朱元璋准备应付长期战争的物质条件；缓称王，就是要朱元璋实事求是，不图虚名，尽量不使自己成为大家厌恶的对象。这样的斗争策略，在当时无疑是正确的，朱元璋完全采纳了这一建议。

整顿军队纪律。不要随便杀人，也不要贪图女子和玉帛，这是投向朱元璋的封建文人，共同向朱元璋提出的强调军队纪律的两条建议。朱元璋在行军作战中也十分注意军纪的整顿。朱元璋军队进入太平，进入建康都进行了整顿。军队纪律，是军队在战斗中获得胜利的根本保证。所到之处，均受到人民的拥护。

过了长江之后，局面打开了，地主阶级知识分子大量涌进农民军，对朱元璋加速封建化，也起了不小的作用。他们对元朝统治者失望之余，急切希望能

找到一个重建封建秩序的"明主"，当时竭力要朱元璋效法汉高祖。到至正二十三年（1363年）朱元璋从安丰救出小明王，迎接到滁州。刘基非常生气，他看清了形势，要朱元璋撇开小明王，建立新王朝。朱元璋本来就怀着帝王的欲望，自然就很快就领悟出来了。这样的一个事例说明刘基等地主阶级知识分子，在引导促使朱元璋与红巾军决裂和转向封建化的方面，起了一定的作用。

朱元璋在江南政权所推行的政策，既具有反封建王朝的一面，又具有维护封建秩序的一面，这是农民政权的特点。至正十八年（1358年）朱元璋的军队攻下了婺州，开仓济民，很多人都想去归附。这说明朱元璋农民军是受广大农民群众所欢迎的，是把它看成农民自己的队伍的。虽然朱元璋的农民军没有提出类似"摧富益贫"的口号，也没有在统治区实行调整土地的措施，但他们对当地农民

反抗地主夺取土地的斗争是支持的。江南政权对农民起义战争中所获得的土地是给予承认的。

与此同时，朱元璋的江南政权推行的政策也有维护封建制度的一面。朱元璋攻下集庆的时候，向人们宣告各自做好他们自己的职业，只是对元朝的"旧政"有不便的地方加以改革。所以在朱元璋江南政权的统治区内，封建生产关系并没有变动。

（三）平定四方

1. 陈友谅政权的灭亡

蕲黄红巾军在至正十五年（1355年）再次崛起，到十七年，占领了湖广以及川蜀等广大的地区，这时军队中发生了内讧。原来蕲黄红巾军初起的时候，徐寿辉被推荐为首领，他对起义的事业并没有太多的贡献，也没有太多的才干。

从彭莹玉牺牲之后，天完政权实际上被丞相倪文俊所控制。后来，倪文俊想阴谋杀害徐寿辉，被发现后，就率领部分军队逃奔黄州。黄州当时是由倪文俊部将陈友谅驻守。陈友谅出生在一个渔民的家庭，参加了徐寿辉的红巾军，最初是倪文俊的部下，后来因为立了战功，成了领兵的元帅。当倪文俊去投奔他的时候，他乘机杀害了倪文俊。于是天完政权的大权又转到了陈友谅的手里。至正二十年（1360年），陈友谅要挟着徐寿辉，向朱元璋的统治地区进攻。五月，攻下了太平。陈友谅以为攻占应天指日可待，心满意得，急于想当皇帝，派人杀了徐寿辉，在大风雨中，把采石五通庙作为行殿，当了皇帝，国号为汉，改元为大义。陈友谅称帝之后派人到张士诚那里，想和张士诚一起攻打建康。面对强敌压境，应天的文武官员有的建议投降，有的建议逃跑。刘基说："主张投降或者逃跑

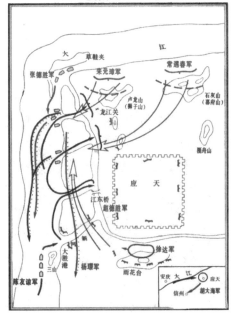

应天之战作战经过示意图

的人，应当斩首。"朱元璋采取刘基的建
议，积极做好战斗的部署，一方面让胡
大海出兵去打广信，用来牵制他们，扰
乱敌人的后方。同时又利用康茂才和陈
友谅是老朋友的关系，约定假装去投降，
引诱陈友谅来到应天。陈友谅受骗上当，
在龙湾遭到朱元璋水陆伏兵的侵袭，被
打得大败。朱元璋俘虏了陈友谅军队两
万多人，并且获得了他的很多军舰武器
等等。到至正二十二年（1362 年）的
时候，龙兴、袁州、瑞州、临江、吉安
等州县，都被朱元璋所占领。

在至正二十三年（1363 年）四月，陈
友谅乘着朱元璋出兵安丰的时候，围攻
洪都，士气也很浩大。但是都督朱文正
和参政邓愈、元帅赵德胜等率洪都军民
坚决誓死地守护。陈友谅八十五天也没
有攻下，到了七月中旬，直到朱元璋亲自
率领十万兵力来救援，才前去鄱阳湖应
战。朱元璋的军队在七月十六日到达湖

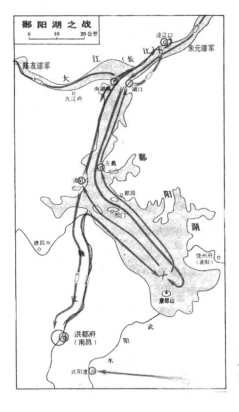

口，后来又由松门进入鄱阳。七月二十日两军相遇在康郎山，鄱阳湖的战争从这个时候开始。到了八月二十七日，在混战之中，陈友谅中箭而死。他的将领张定边乘着小船趁黑天把陈友谅的尸体和儿子陈理送到武昌，立陈理为皇帝，改元德寿。这一次，朱元璋、陈友谅两军在鄱阳湖的水战长达三十六天，时间很长，战斗打得也十分激烈，陈友谅的部队几乎全部覆灭，而朱元璋方面的伤亡也很大。朱元璋怕张士诚乘虚而入，自鄱阳湖的战斗结束之后，命令常遇春去攻打武昌，自己率领军队回到应天。至正二十四年（1364年）正月朱元璋因为武昌围了很久也没有攻下，亲自出马，陈理和太尉张定边投降，汉政权结束。朱元璋在这个地方设置了行中书省进行管辖。

蕲黄红军所建立的农民政权，最后被朱元璋消灭了，但它在元末农民斗争中的辉煌业绩，却是不容抹杀的。陈友谅虽然在击杀徐寿辉的时候有他的缺点，但他坚决反对元朝的反动统治，从不屈服地进行斗争，也不失为一个英雄人物。他的坟墓，今天还保存在武汉长江大桥下。当年他活动过的地方，至今还有关于他的传说，可见人民是怀念他的。

2. 张士诚的灭亡

朱元璋在至正二十四年（1364 年）灭了汉政权之后，下一个进攻的目标轮到了张士诚。张士诚在至正十四年（1354年）十一月在高邮打败元军以后，向外发展。张士诚率领军队由通州渡江，攻占了平江、湖州、松江和常州等路。改平江为隆平府，在平江建都。张士诚自从进入江南地区以后，就和朱元璋成了邻居，双方斗争不断，后来朱元璋攻占了长兴、江阴等地，堵住了张士诚西进的道路。南面又有苗军元帅的驻守，在

至元十七年（1357年）八月，张士诚投降元朝，被封为太尉。张士诚虽然接受了元朝政府的官爵，但是依然在自己的土地上驻兵。后来张士诚又乘着江浙右丞相和杨完者的矛盾，派兵占领了杭州，以后势力不断扩张。至正二十三年（1363年），张士诚又自立为吴王。张士诚全盛的时候，他所占领的土地，地域广阔，人口众多。

张士诚所统治的地方，盛产粮食鱼盐，又有蚕桑，物产十分丰富。张士诚的弟弟张士德，善于战斗，有谋略，为人正直，很得人心，浙江西部的地区大部分都是他打下来的。张士德在至正十六年（1356年）在常州被徐达抓获，到了应天之后就自杀了。之后张士诚的三弟张士信，贪婪无能，日夜都以歌舞娱乐，疏离以前的老将，上下关系处理得很不好。由于取得了巨大的成绩，张士诚也养尊处优，不管政事。

朱元璋对于张士诚，首先是扫除他在淮水流域的据点。从至正二十五年（1365 年）十月，命令徐达出兵，经过半年多的战斗，攻占了通州、兴华、盐城、高邮、淮安、徐州、宿州、濠州等州县。接着，朱元璋就全力转向张士诚的政治中心江南地区。还写了声讨张士诚的罪状。朱元璋在这一篇檄文之中声讨了张士诚的八条罪状，除了两条是指责张士诚侵占朱元璋的地盘和诱导朱元璋的部将以外，其他六条都是指责张士诚背叛元朝政府的罪状。这说明朱元璋是站在封建正统的立场来声讨张士诚的。

八月，朱元璋任命徐达为大将军，常遇春为副将军，率领军队二十万讨伐张士诚。先攻取湖州，让张士诚的军队疲于奔命，然后再把军队迁移到姑苏。同时任命朱文忠攻打杭州来牵制敌人。到十一月就攻下了湖州、嘉兴、杭州、绍兴等地。扫清了外围，从四面包围平

江，张士诚几次想突围出去，都被朱元璋的军队堵了回来。至正二十七年（1367年）六月，张士信在城楼被飞奔而来的大炮的碎片打死。九月，徐达和常遇春又攻下许多的地方，张士诚在仓皇之中，打算自缢，但是被解救，做了俘虏。徐达几次派张士诚的部将劝他投降，张士诚闭着眼睛不回答，后来被压到了金陵，最后自杀而死。于是朱元璋改平江路为苏州府，任命何质为知府。平江固守了十个月，才被攻破。

张士诚从至正十三年（1353年）起兵，自称为诚王，到至正十七年（1357年）就投降了元朝。后来又自立为吴王，但是这个时候的张士诚和他的将领，只知道修府邸，建立园池，吃喝玩乐，十分腐朽。当时的吴政权只不过是一个封建割据政权而已。只知道固守自己的那块地方，而不去争取更大的天地。当朱元璋和陈友谅在鄱阳湖大战的时候，张士

诚竟然不出平江一步。但张士诚在刚起
义的时候，在高邮会战中大败元兵，在
元末农民战争中作出了重大的贡献。

3. 方国珍的投降

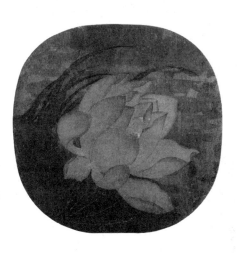

当平江即将攻破的时候，至正
二十七年（1367年）九月，朱元璋又派遣
兵去攻打割据在浙东的方国珍。原来，
以前与方国珍接境的时候，朱元璋曾
派刘辰去招抚方国珍。方国珍看到朱元
璋兵力强盛，很难与其进行争斗，于是
派使者随着刘辰向朱元璋奉送金银绸
缎，表示愿意和他一起攻打张士诚，又
申明等到朱元璋攻下杭州的时候，就献
给他三个郡县。但同时，方国珍仍然不
断为元朝海运粮食去大都。等到朱元
璋攻下杭州，方国珍害怕被吞，就和元
朝一起与朱元璋相对抗。至正二十七
年（1367年）九月，朱元璋的部将朱亮
祖率领军队攻下台州，接着又攻下温州，
十一月，朱元璋的另一部将汤和率军进

攻庆元，方国珍逃入海岛，又被朱元璋的部将所击败。方国珍在走投无路的情况下，只好向朱元璋投降。

4. 闽广的平定

朱元璋在攻克平江以后，在至正二十七年（1367年）派胡廷瑞为征南将军，何文辉为副将军，从江西率军队进攻福建。当年的十一月，方国珍投降，于是朱元璋又命令汤和、廖永忠率领水师在明州从海上进攻福州。当时陈友定盘踞在福建。陈友定虽然是贫苦的农民出身，但是在元末农民战争中，却站在与农民军对立的位置。因为他为元朝统治者卖力，得到赏识，一直被任命为福建行省的平章政事，占据了福建八个郡的地方。至正二十七年（1367年）十一月，胡廷瑞由江西进入，连续攻克了邵武、建阳。同时，汤和和廖永忠所率的水军也攻下了福州。第二年正月，汤和和廖永忠攻下了延平，陈友定在应天被处死。明

军从出师到攻下延平一共四个月，接着又攻克了福建的其他地区，平定了福建。

福建的平定，为明军向两广进军打好了基础。当胡廷瑞攻向福建的时候，朱元璋又派湖广行省平章杨璟和左丞相周德兴等率军队由湖广夺取广西。第二年二月，汤和、廖永忠攻下福建的延平后，朱元璋又令廖永忠和朱亮祖率军取广东。后来朱亮祖率师到广西，到六月才攻占了靖江城，接着南宁、柳州等州县都投降明军，广西平定。

5. 北伐中原

朱元璋在消灭张士诚的割据势力之后，并没有在胜利面前停顿，休整了一个月之后，就立即准备向北方进军，在至正十七年（1367年）十月二十一日，任命徐达为征虏大将军，常遇春为副将军，率领军队二十五万，由江苏进入河北夺取中原。对于北伐军的进军路线和战略部署，朱元璋作出了审慎的筹划。朱元

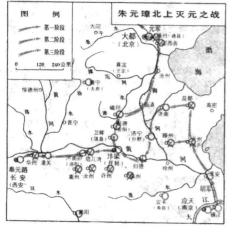

璋提出了稳扎稳打、逐步推进的战略。

为了向北方人民说明北伐的道理，朱元璋让宋濂撰写了一篇告北方人民的檄文。这一篇檄文表现了汉族主义思想，把国内少数民族一概称为"夷狄"。少数民族只能接受汉族的统治。他还极力强调天命论，这样，红巾军打击元朝统治的事实被一笔勾销，一切都是上天的安排。另外，它还明确表示要维护封建纲常。这些都十分清楚地说明，朱元璋是以封建君主的立场来宣告自己的政治意图和未来国家的希望。这对于元末的农民军起义来讲，自然是一种无形的背叛。但这一篇檄文所提出的以汉族为中心的主张，在当时元朝统治者对于广大汉族人民实行压迫政策的情况下，又有一定的反民族压迫的正义性，其中的"驱除胡虏，恢复中华"的民族斗争口号，对汉族各阶层人民都是颇有号召力的。后来还被孙中山先生所应用。

由于朱元璋北伐军队纪律严明，战略部署正确，以及北伐檄文在安定民心和瓦解敌军方面有一定的作用，所以北伐进展得十分顺利。先后攻占了山东、河南、河北等省。至正二十七年（1367年），明军已经到达通州。元顺帝感到大势已去，决定离城北逃。临走的时候，命淮王和丞相留守，元顺帝自己则在七月二十八日和后妃太子由居庸关逃往上都。八月二日，徐达等到齐化门，将留下的淮王和丞相斩首。从此，正式结束了元朝的统治。

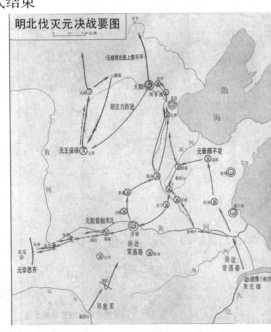

六、红巾军起义的意义

朱元璋在派兵南平闽广和北伐中原的时候，正式建立了明朝，年号是洪武，建都在南京，做了明朝的开国皇帝，历史上称为明太祖。

元末农民大起义，历时十七年的时间，转战在全国大部分的地区，在我国农民战争史上写下了光辉的一页。虽然最后被以朱元璋为代表的新兴地主阶级集团所利用，成为他们改朝换代的工具，但它却具有巨大的历史意义和作用。

首先，这次大起义推翻了元朝腐朽落后的统治，对历史发展无疑是一个贡献。当一个朝代或者社会不再适应当时的生产和生活状况的时候，它就会被新的社会形式和新的朝代所取代。所谓的历史向前不断发展的状况就是如此。

其次，这次大起义在若干方面实践了农民的平均主义思想。如南方红巾军的领袖彭莹玉，针对元朝"财富不均"的现象，提出了"摧富益贫"的响亮口号。所谓的"摧富"，就是夺取富人的财

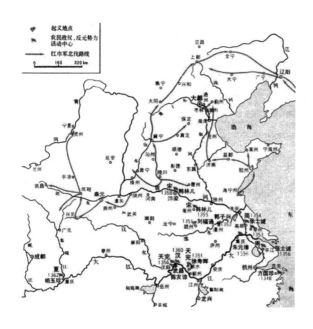

产；"益贫"，就是把夺到的财物分给贫苦农民。当他领导的部队打进邵武的时候，贫苦农民都来起义，瞬间就达到了数万人。这种"摧富益贫"的思想和行动，企图解决封建社会贫富不均的问题，是唐宋以来农民起义军提出的"均贫富"口号的继续。虽然不能从根本上去解决问题，但毕竟是使那些受苦受难的人民聚集到一起的最好的口号，也是农民起义的一个最根本的原因。

再次，这次大起义触动了封建生产关系，在一定程度上缓和了尖锐的土地问题，从而推动了社会生产力的发展。在元末农民起义的猛烈打击下，元朝皇室逃到内蒙的顺昌府。蒙古贵族、色目的大商人、上层僧侣和一些汉族的大地主，在农民起义的沉重打击下受到了重创，江南的大族，也是四处逃窜，出现了"往年大姓家、存者无八九"的局面。过去被他们霸占的土地，包括"官田""庄

田"和"寺田"，变成了无主空闲的土地。如当时北方郡县城镇附近的土地大多荒芜，朱元璋下令把这些田地分给无田地的农民进行耕作，每户十五亩，另外还给菜地两亩，还有能力的人，不限制田亩，都免三年的租税。这样，元朝土地高度集中的趋势得到了缓和。元末农民大起义消除了蒙古贵族给中原地区带来的某些落后的生产关系，大批的"驱口"挣脱了奴隶的枷锁，获得了自由。在明初，他们又取得了民籍，成为了佃户。手工业工匠的地位也有所改善，争得了自由的权力，生产的热情大大提高。所有这些变化，都是元末农民起义所带来、争取的结果，它为社会生产力的发展创造了有利条件。据统计，在明朝建国后的二十五年，全国耕地总面积已经达到了八百五十多万顷，比元末增加了四倍，全国户数有一千万，人口五千六百七十多万，超过了历史上的任何朝代。工商业和商品经济也有了明显的发展。没有元末农民大起义，明初社会生产力是不可能在短时间内就得到如此迅速的发展的。

最后，我国是一个多民族的国家，民族矛盾和阶级矛盾交织在一起的现象是经常出现的。凡是在民族矛盾和阶级矛盾交织在一起的地区爆发的农民起义军无不带有民族斗争的色彩，元末民族起义就是很好的一个例子。但是这次起义还是有力地促进了民族的融合。元朝统治初期，虽然实行"汉法"，但是蒙汉两族并没有真正地融合。在实行的政治、经济和科举的策略中可以发现，元朝后期，蒙古贵族公开推行民族压迫歧视政策，制造民族分裂和民族仇恨。元末农民起义推翻了元王朝，终止了他们所推行的民族压迫政策，对于密切各族人民的关系，促进民族融合有重要的作用。新建立的明王朝，在对待汉族同各少数

民族的关系上，虽然也存在有民族压迫的一面，但是与蒙古贵族的种族统治相比，要进步得多。有人曾经指出，国家建立的时候，蒙古和色目人散落到各个州县的人，大多都给了姓名，在民间和汉族人民相处，久而久之，就忘了彼此，特别是经过几代人之后这种观念就更加淡薄。大多数蒙古人留居中原地区，从事农业生产，同汉人几乎没有什么区别了。汉族同其他少数民族人民也存在类似的情况，特别是受到儒家大同思想影响的中原民族。可见，元末农民起义促进了我国的民族大融合。

不论何时何地，我们都不希望看到战争。明末农民大起义之后虽然建立起一个新的政权，但也是以人民的流血牺牲为代价的。